L'ORACLE DE L'IMPUDEUR

DE LA MÊME AUTEURE CHEZ LE MÊME ÉDITEUR

Choisis les pierres de ta vie ! Manuel pratique, 2023
L'Oracle des abysses (coffret), 2023

Illustrations : © Laura Stone Art.
Maquette et mise en pages : © Bénédicte Souffrant – PCA-CMB.

ISBN : 978-2-36188-804-6

Imprimé en Chine.

www.editions-tredaniel.com
info@guytredaniel.fr
www.facebook.com/tredanieleso
@tredaniel_eso

L'Univers d'Annabel
Illustré par Laura Stone Art

L'Oracle de l'Impudeur

CARTES VIBRATOIRES

ÉDITIONS
EXERGUE
27, rue des Grands-Augustins
75006 Paris

SOMMAIRE

MESSAGES DE MON UNIVERS À TRAVERS TES CARTES VIBRATOIRES

SOMMAIRE

LA CLAQUE AU POPOTIN DONT TU AS BESOIN !

Car une graine de mon univers peut faire jaillir dans ton jardin une multitude d'éclosions ; tout comme une graine de ton amour peut faire jaillir en mon âme une part de ton univers.

Merci d'être auprès de moi.

Annabel

INTRODUCTION

Bienvenue dans une nouvelle dimension de mon univers.

L'Oracle de l'impudeur, c'est clairement un outil vibratoire pour te déconnecter des codes sociaux et des idéologies moyenâgeuses et te reconnecter à ta véritable nature. Tu peux donc l'utiliser comme art divinatoire mais également comme outil de développement aussi personnel que spirituel.

Comment est venue l'envie de créer cet oracle, ces cartes vibratoires ? Pour rien te cacher, ma petite Ginette et mon petit José, j'avais déjà réalisé une première ébauche en autoédition. Oui, oui, j'ai commencé ainsi... Bref, revenons-en à l'oracle, car c'est lui la star du moment et non moi (sniff).

Dès le début de mon aventure dans la création, tous domaines confondus, j'avais cette envie et ce besoin irrépressibles de casser les codes et les conditionnements que l'on nous impose, et cela valait aussi pour le domaine de la spiritualité.

C'est donc dans un élan de mon âme que j'ai créé ce tout premier oracle qui n'a fait que valider l'importance d'être dans une impudeur face à nos ressentis, car plus on se fout à poil avec soi, plus nous sommes libres d'être qui nous voulons et qui nous sommes, et cela, peu importe notre chemin de vie.

J'ai envie de prénommer ces cartes, comme des outils vibratoires, car elles viennent vibrer à l'intérieur de ton âme pour cueillir toutes les impunités, les envies, les espoirs, les peurs, et elles t'accompagneront dans chaque domaine et chaque temporalité

Alors, es-tu *ready* pour te libérer de tes conditionnements ?

MISE EN PRATIQUE DES CARTES VIBRATOIRES

Avant toutes choses, maintenant que tu as ces cartes vibratoires entre tes mains, ce sont les tiennes et cela tout le long de votre chemin ensemble.

Il est donc important que tu fasses en fonction de ton propre ressenti et que tu accueilles cet oracle dans ta vie comme un ami hypercool, mais qui va être là pour te botter les fesses si nécessaire.

Que tu décides de prendre le temps de le découvrir et ainsi entamer des connexions profondes sur le long terme ou que tu accroches directement avec lui et que tu décides d'aller directement boire un apéro avec, dans tous les cas, sache qu'il sera là avec toute sa profondeur et sa simplicité déconcertante d'être juste tel qu'il est avec les messages qu'il souhaite te délivrer, que tu sois OK ou non.

Un oracle sincère pour des âmes en quête de sincérité.

COMMENT L'UTILISER ?

Vraiment comme tu en as envie !

Tu vas remarquer qu'il y a des cartes colorées et d'autres en noir et blanc. Eh oui, Mireille, tu l'auras compris, j'aime changer les codes et cela même dans la création des cartes vibratoires, car j'ai décidé de mélanger les énergies des oracles avec celles du tarot.

Les cartes de couleurs sont au nombre de 26, elles sont donc liées aux énergies de l'oracle, des énergies plus féminines, à notre part de création sans codes, sans limites, qui te laisse beaucoup plus libre d'interprétation finalement.

Ensuite, tu trouveras 20 cartes noires qui sont les arcanes majeurs qui, elles, ont des énergies plus masculines, plus directives, plus alignées dans cette dimension.

Le but est, bien entendu, de mélanger ces énergies et ces vibrations trop mystifiées et trop déconnectées de leur propre essence pour en faire un seul outil vibratoire ; pour ne faire qu'un et ainsi t'accompagner également à ne faire qu'un avec toutes les parts de complicité qui t'animent dans ton âme et dans ton être.

Et si, en fin de compte, c'était ça l'équilibre ?
Accepter ses ombres et ses lumières.
Vibrer dans sa féminité et sa masculinité.

Accueillir son essence dans une nouvelle dimension.

Fais donc comme tu as envie pour la mise en route de ton oracle et kiffe ta vie.

MESSAGES DE MON UNIVERS À TRAVERS TES CARTES VIBRATOIRES

LA CONNECTÉE

I

LA CONNECTÉE

TEMPLE

•

CYCLE

•

RENAISSANCE

La connexion entre ton être
et l'univers ne fait qu'un.

On t'invite à te connecter plus en profondeur à ton univers, à ton corps et au rythme que celui-ci t'impose.

Après une période de deuil intérieur, une remise en question profonde, il est temps pour toi de laisser éclore toute la floraison intérieure de ton âme.

Ici, l'univers ne te demande pas d'être dans le paraître, mais dans l'être.

Tout ce que tu as vécu ces dernières années, tous ces chamboulements intérieurs sont là pour te permettre d'être enfin réellement toi, d'être librement toi, d'être aligné.

Tu sais, tu mérites cette lumière, tu mérites ces rayons de soleil qui viennent embaumer ton âme et permettre à ton cœur de revivre, l'hiver s'en est allé, la mort laisse place à la vie.

Un nouveau cycle s'ouvre à toi, un cycle connecté à tout ton être, ne cherche donc pas à te connecter qu'à une seule partie de celui-ci, mais cherche l'équilibre dans l'intégralité de tes pensées, de tes actions, de tes gestes, et surtout de l'amour que tu portes chaque jour dans chaque pas, que tu fais inconsciemment ou consciemment.

Tu as su faire face à l'horreur, alors aujourd'hui fais face au bonheur.

L'INSOUCIANTE

2

L'INSOUCIANTE

FOLIE DOUCE

•

ÉVÉNEMENT

•

PEUR

Chaque pas que tu réalises est une victoire pour ton âme.

Ma douce âme, je suis là pour te tenir la main, pour t'accompagner sur ce chemin, pour te dire que peu importe où tu décideras d'aller, je serai à tes côtés.

Je suis ton guide, l'enfant intérieur de ton âme, l'être parti trop tôt, l'amour perdu, je suis toi dans chaque parcelle de ton âme, je suis avec toi.

L'univers m'envoie à travers ces quelques lignes pour te dire que je sais que tu as mal à l'âme, mal à ton être, mais je sais également que tu es capable de déployer tes ailes pour moi et surtout pour toi, car tu le mérites amplement.

Tu fais partie de ces âmes qui ont besoin de comprendre dans la douleur, qui ont besoin de souffrir plus que de raison, mais tu fais surtout partie de ces âmes qui croient en l'amour, qui n'abandonnent jamais et qui ont toujours foi en la vie.

L'INSOUCIANTE

Ne t'inquiète pas, je serai toujours à tes côtés, que ce soit par les fleurs, les ailes d'un papillon, un soleil qui va venir traverser les nuages, une parole qu'un inconnu t'adressera lors d'une journée…

Pars à l'aventure, pars découvrir ta nouvelle vie, ne crains pas cet avenir, car je serai toujours à tes côtés, je serai toujours auprès de toi et l'amour que je te porte sera toujours là.

Il n'y a pas de plus belle folie que la douceur de l'insouciance.

L'ACCOMPAGNÉE

3

L'ACCOMPAGNÉE

CONNEXION

•

ACCUEIL

•

ANCRAGE

Le rendez-vous de nos âmes est déjà inscrit.

Il n'y a rien de plus beau que les connexions d'âme à âme.

Un pacte est en train de se réaliser, que cela soit entre ton âme et ton être ou tout simplement d'une façon plus terrestre lors d'un contrat.

Ce qui est le plus important là-dedans, c'est de savoir que tu trouves là, petit à petit à travers tes actes, un équilibre intérieur ; tu comprends que ta vie est en train de changer pour que tu puisses enfin être dans une complétude vis-à-vis de toi.

Dans très peu de temps, tu ne seras plus seul dans ta vie, tu seras accompagné et guidé comme tu le souhaites réellement, le temps bien entendu n'est qu'une notion. L'important, c'est que tu comprennes qu'actuellement tout est en train de se réaliser pour que tu puisses concilier tes envies avec ton chemin d'incarnation.

Ne cherche plus à fuir, mais plutôt à prendre en main tout ce que tu ne souhaites plus dans ta vie et à faire chaque action consciemment pour que les choses changent petit à petit.

S'accompagner demande une grande force de courage, et je peux te le dire, tu es une personne très courageuse.

Grâce à tout ce que tu mets en place actuellement, tu pourras par la suite accompagner les gens comme tu l'as toujours voulu intérieurement.

Avant de pouvoir accompagner d'autres âmes, incarnées ou non sur terre, il faut pouvoir s'incarner dans le pouvoir de guérison.

LA BRÈCHE

4

La brèche

PASSÉ
•
RESPONSABILITÉ
•
CLÉ

Tu es maître des méandres de ton passé.

Et si tu faisais de ton passé une force? Tous ces sentiments qui remontent, toutes ces émotions qui refont surface sont en fin de compte un cadeau insoupçonné pour ton âme.

La vie t'offre ses bribes de souvenirs liés à ton passé, à ta vie actuelle pour que tu puisses travailler en âme et conscience avec et à travers elle.

Ne cherche pas à les cacher, à les enfouir ou même à reculer pour ne pas les affronter, car en fin de compte ici on te demande juste d'accueillir, le premier pas, le premier acte pour te guérir et te reconstruire, c'est l'acceptation et la résiliation.

On te dit également à travers ce message que tu as énormément donné aux autres, et qu'il est peut-être temps de penser un minimum à toi, car, oui, tu ne vis pas ta vie pour les autres.

Tu es incarné sur terre pour vivre, pour rire, pour souffrir, oui, mais surtout pour vivre.

LA BRÈCHE

Il y a des douleurs, il y a des émotions, beaucoup trop fortes et qui n'ont pas besoin d'avoir de mots ou de raisons d'être, elles sont juste là. Il faut accepter qu'elles soient présentes, il faut accepter que cela puisse nous mettre encore dans des états qu'on pensait avoir vaincu. Il faut tout simplement accepter que la vie soit imparfaite et que nous en sommes une preuve vivante.

Il n'y a pas de recette magique, il n'y a pas de mots assez puissants pour relater toutes ces émotions, mais je peux t'assurer que si tu prends en charge ta peine, si tu décides d'accepter, ne serait-ce que dix pour cent des effets qu'elle a actuellement dans ta vie, tu verras alors que l'abnégation vaut beaucoup plus que la guerre.

Vouloir la paix passe aussi par l'acceptation que notre cœur est en guerre.

GAÏA

5

Gaïa

ENRACINEMENT

•

HERBORISTERIE

•

SAGESSE

Je me reconnecte à la terre
qui m'a vu naître
et m'abandonne à elle.

Comment ça, tu as un corps ?

Cette carte invite grandement à comprendre que tu as besoin de te déconnecter complètement de tout ce qui peut te faire penser que ton corps n'est pas ton allié.

Ton corps a autant besoin de belles énergies que ton âme, il a autant besoin que tu le chérisses comme tu chéris ton âme.

Il y aura toujours des gens pour critiquer qui tu es, ta façon de faire, ta façon d'être et ton corps.

Ton corps, lui, t'envoie un message très précis actuellement, il veut que tu l'écoutes. Il veut que tu prennes conscience qu'il est là actuellement pour toi, qu'il est là pour que tu apprennes à t'aimer.

Sans ton corps, tu n'es rien, sans lui, tu ne pourras jamais ressentir tout ce que tu ressens actuellement, que ça soit dans la joie ou dans la tristesse, dans l'amour ou dans la haine.

Alors, oui, je le conçois, il est beaucoup plus facile d'accepter les choses positives que celles dites « négatives ». Mais si tu empêches ton corps et ton être tout entier de ressentir quoi que ce soit, alors tu ne pourras jamais sentir le positif dans tout cela.

Gaïa, la Terre, celle qui t'a vu naître, cette puissance terrestre, t'invite à te reconnecter à ta pleine puissance, ton corps est beaucoup plus fort que tu ne le penses.

Tu es une personne puissante et tes vies d'avant ont marqué ton présent, cela est une chance, cela est une puissance, cela est une magie insoupçonnée.

Coupe donc ces anciennes racines et laisse la magie de ton corps prendre sa place dans ta vie, reconnecte-toi, et surtout vis ton incarnation.

LA DANSEUSE

6

La danseuse

LÂCHER-PRISE

•

INSTANT PRÉSENT

•

SEXUALITÉ

Danse au rythme de ton cœur.

Et si je te disais que c'est à toi d'inviter dans tout ton être la joie de ton incarnation ?

Oui, aujourd'hui, on t'invite à danser à travers tes victoires, à te remercier à travers tout ce que tu as déjà cheminé, et ainsi à pouvoir te libérer des débris restants.

Tu es dans une période d'alignement. Il faut que tu accompagnes cette énergie afin d'aller dans un pouvoir d'attraction, beaucoup plus fort, pour avancer beaucoup plus loin.

Entre tes désirs et tes réalités, il n'y a qu'un pas, celui de tes propres énergies.

Trouver son identité fait partie également de ce que l'on t'invite à faire à travers cette reconnexion.

Tu as beaucoup été en mouvement malgré toi, et aujourd'hui on t'invite à retrouver une position de souverain dans ton propre royaume, tes énergies sont vraiment liées à ton propre rythme.

Donc, si tu prends soin de toi et de tes énergies, tu iras dans un rythme qui est beaucoup plus aligné avec toi, et tu remarqueras, au fil du temps, que tout viendra à toi avec facilité.

Vivre pleinement en totale conscience avec ses énergies et celles qui nous entourent est le meilleur moyen et le meilleur stimulateur pour atteindre ses objectifs plus rapidement et pour les consolider, surtout sur le long terme.

LA DÉMESURÉE

7

La démesurée

PROJECTION

•

RÉALISATION

•

MODÉRATION

Entre l'âme et l'être
se trouve l'ego.

Alors comme ça, on a les yeux plus grands que la tête ?

Et si cela n'était qu'un moyen pour te faire comprendre qu'il est peut-être temps pour toi de remettre les choses en perspective ?

Il est important que tu te mettes dans une position où tes objectifs et tes projets ne soient pas inatteignables.

Il est important que tu avances étape par étape afin de pouvoir réaliser quelque chose de solide sur le long terme. Je sais que la patience n'est pas forcément ton fort, mais actuellement on te demande vraiment de prendre en considération que ce que tu désires est réalisable, il faut que tu y mettes les bons ingrédients.

On t'invite également, si tu le désires, à te faire accompagner de formations ou de personnes sur ton chemin, qui vont te donner certaines clés pour que tu puisses avoir une nouvelle vision de ce que tu souhaites réaliser.

Ce qui est important dans tout cela, c'est de ne jamais oublier ta voie, ta direction et ce que toi tu avais déjà en tête.

Alors, en fin de compte dans la vie, qu'est-ce qui est important ? D'avoir des rêves et des projets plus grands que son âme ou alors de vivre toujours dans la frustration de ne jamais pouvoir réaliser la moindre miette de rêve ?

LA LUMINEUSE

8

La lumineuse

LUMIÈRE

•

FUTUR

•

BÉNÉDICTION

Tu es la lumière que tu attends.

Quel bonheur de voir que tu tiens entre tes mains un cadeau insoupçonné ! Ton âme te permet actuellement de recevoir tout ce que tu as toujours voulu dans la vie, et tu tiens cela du bout de tes doigts.

Tu as énormément de capacités, tu es là pour accompagner les gens, pour prendre soin d'eux, ton hypersensibilité, ta connexion au monde et, surtout, ta puissance énergétique t'amènent inlassablement à transmettre, à transcender et à accompagner.

On te dit que peu importe le chemin que tu as décidé de parcourir aujourd'hui, celui-ci sera toujours en connexion avec ton âme.

Tu as besoin de créer avec tes mains, de transcender avec ton corps, de libérer à travers tout ton être.

Tu as compris que seul toi pouvais appporter la lumière nécessaire à qui tu es, à la façon dont tu souhaites avancer, et que tu détiens ce pouvoir magique, qui est celui de ta propre luminescence.

Cette carte t'invite également à retravailler, avec tes chakras, à prendre conscience de chaque point lumineux, à l'intérieur de ton être, afin que tu puisses être complètement aligné avec ta propre énergie créatrice.

Tu as un objectif à court terme, tu aimerais que celui-ci se concrétise, mais j'ai envie de te dire qu'actuellement tu as toutes les clés en main pour y arriver.

Ta réussite, tu vas donc la devoir qu'à toi-même.

LA MASCULINE

9

La masculine

MASCULIN

•

PÈRE

•

DUALITÉ

Je suis le reflet de mes blessures.

Que ce soit le reflet d'un homme de ton passé ou la part de ton masculin sacré qui a été bafouée, on te demande aujourd'hui de te reconnecter à cette énergie.

Tu es un être complexe, mais tu es surtout un être avec une énergie féminine et une énergie masculine. Il est donc important que tu trouves un équilibre dans ces deux pôles afin de pouvoir avancer en toute sérénité.

Si tu souhaites avancer dans la vie, dans des choses matérielles et concrètes, il est important pour toi de ne plus avoir peur de ta masculinité, de comprendre que tu as autant le droit que n'importe qui ici de réussir. Et quels que soient les objectifs que tu t'es fixés.

On te dit également, à travers ces cartes, que beaucoup d'hommes ou de personnes avec une énergie masculine t'ont souvent malmené, psychologiquement et émotionnellement.

Cependant, actuellement, on te fait prendre conscience que, toi aussi, tu possèdes cette énergie-là en toi, et si tu as décidé que certaines personnes ne te respectent pas, c'est parce qu'en fin de compte, inconsciemment, tu ne te respectes pas toi-même.

Il est donc temps de te regarder en face, de t'appréhender d'une autre manière et de faire de cette colère, de ce rejet, une force, afin de faire face à cet inconnu qui s'ouvre devant toi. N'aie pas peur de tout ce qui s'ouvre à toi, car tu es capable d'affronter les parts d'ombre.

Aime-toi, aime ta part de masculin et ta part de féminin, aime-toi dans ton entièreté, mais surtout respecte-toi assez pour te dire que tu as le droit de t'aimer.

LA WORKING GIRL

10

La working girl

TRAVAIL
•
PROJET
•
CONCRÉTISATION

Ce que tu souhaites réaliser n'est qu'une question de volonté.

Moult projets se dessinent devant tes yeux, moult envies sortent de ton âme.

Il est important dans tout ce remue-ménage intérieur que tu prennes le temps d'établir avec toi-même ce qui est aligné avec toi ou non.

On te demande aujourd'hui de prendre du recul sur ta situation et d'annoter sur le format que tu souhaites ce qui pourrait te convenir, ce qui ne te convient pas du tout ou même tes doutes tout simplement.

Tu es une personne qui a le cœur sur la main et qui aime faire les choses avec beaucoup d'amour quand tu décides de te lancer dans un projet, quel qu'il soit.

Tu as envie que celui-ci soit en résonance avec toute ton âme et cela est tout à ton honneur.

Si tu décides de collaborer avec des gens ou que tout simplement tu acceptes que l'on vienne s'immiscer dans tes projets, n'oublie jamais que tu es le chef d'orchestre de toute cette symphonie de ton âme.

Il est donc important, dans cette remise en question, que tu accordes de l'importance aux mots des autres, mais en aucun cas leur ego, dissimulé ou non, doit prendre le dessus sur les projets qui résonnent en toi.

Dans tous les cas, l'univers t'accompagne et te pousse encore plus loin, et il te conforte dans l'idée que si tu décides de mener tes projets à bien, alors l'année prochaine sera une mise en lumière de tous ces moments de remises en question.

LA TEMPORALITÉ

II

La temporalité

SYNCHRONICITÉ
•
PROTECTION
•
MOMENT-CLÉ

Chaque étape que tu franchis s'ancre dans une nouvelle réalité.

Le temps passe à une vitesse folle, mais aujourd'hui la montre de l'univers t'oblige à te connecter à l'instant présent.

Que souhaites-tu faire ?

Où souhaites-tu aller ?

Qui es-tu ?

Il est temps de remettre les pendules à l'heure que ce soit avec toi-même ou avec les autres qui t'entourent, sincèrement… Je pense qu'à un moment donné la remise en question est obligatoire, surtout quand on se laisse piétiner par les énergies des autres.

L'univers, actuellement, t'envoie beaucoup de synchronicités, de messages, mais également beaucoup d'événements qui te poussent au nettoyage et à la libération, car si tu souhaites réellement avancer, il faut te libérer du poids du passé.

Attention, cependant, le passé n'est pas forcément, dans une certaine mesure, lointain, il se peut que ce soit aussi des événements très récents qui te perturbent actuellement.

On te dit que tu as besoin de prendre du temps pour toi, de te reposer, de te recentrer, d'évacuer, mais surtout de laisser le temps au temps.

Le temps apaise, le temps soulage, le temps est un magicien hors pair.

Ne cherche donc pas à savoir combien de temps cela mettra pour que tu puisses enfin te reconnecter à la mécanique de ton cœur et de ton âme, mais accueille cette pause, cette mort intérieure, comme une bénédiction de la vie, car la renaissance est au bout du chemin.

Tu es accompagné, guidé, tu sens qu'actuellement pour vivre, c'est la secousse émotionnelle, tu n'es pas seul, tu n'es plus seul, et cela te permet de vivre un peu mieux cette période.

L'OUVERTURE

12

L'OUVERTURE

PERCEPTION

•

CONSCIENCE

•

GRATITUDE

L'univers est en équilibre avec ton être.

Ici, ton âme te montre qu'elle a déjà ouvert des portes que ton être vient petit à petit conscientiser ; tu es en train de comprendre qu'actuellement de nouvelles ouvertures se mettent en place pour toi.

Ce qui est important dans ce message, c'est qu'il faut que tu restes focalisé sur le fait de percevoir avec le cœur et avec ton âme.

Tu as déjà parcouru beaucoup de chemin, mais prends garde à ce que ton ego ou les blessures liées à ton ego ne prennent pas le dessus et t'empêchent d'avancer.

Que ce soit sur le plan du développement spirituel ou sur le plan personnel. Dans tous les cas, tu es invité à te centrer d'abord sur tes énergies intérieures avant de faire un choix extérieur.

Fais-tu ce chemin pour toi ou le fais-tu pour la reconnaissance ?

Car ce sont deux choses totalement différentes. Dans le chemin d'accompagnement de ton âme et d'accompagnement des autres, tes blessures, tes envies, tout ce qui peut être animé par tes propres énergies d'ego n'ont pas leur place dans le don de soi.

On t'invite donc à te positionner dans ton cheminement.

Chaque étape de la vie, dans tous les cas, nous invite au repositionnement.

N'oublions jamais que nous sommes de simples humains sur terre, que tout le monde a la capacité d'évoluer à l'intérieur de son âme et d'accompagner les autres à différents niveaux.

Mais nous restons toujours, et cela du début de notre incarnation jusqu'à notre dernier souffle sur terre, des êtres humains, à part entière, certes, mais juste de simples humains.

Nous ne sommes pas plus importants qu'une autre âme, nous n'avons pas vécu plus de blessures qu'un autre, nous vivons juste les choses différemment et nous les acceptons ainsi.

Alors, il est important dans ta vision actuelle que tu n'oublies jamais que la personne en face de toi est la vision de ton passé, de ton présent ou de ton avenir...

Ce que tu décides de voir et de faire de cette vision, c'est ton propre chemin d'incarnation.

L'ENCHAÎNÉE

13

L'ENCHAÎNÉE

VICTIMISATION

•

ACCUSATION

•

CONTRAINTE

Tu es responsable des situations dans lesquelles tu n'évolues pas.

Tu es actuellement dans une situation qui te fait penser que tout est bloqué, tu es comme enchaîné dans des énergies qui ne te ressemblent pas ou qui ne sont pas alignées.

Mais que se passe-t-il réellement ?

Tu as besoin de comprendre qu'actuellement les énergies sont bloquées, et cela depuis un petit moment déjà, car tu te fourvoies finalement dans des situations dans lesquelles tu investis de l'énergie, alors que tu ne mets aucune énergie en toi pour te comprendre et te débloquer, toi, déjà.

Car peu importe les personnes qui viendront mettre leur grain de sel dans la résolution de tes problèmes. Seulement toi pourras vraiment décanter tout cela.

On t'invite donc à faire, certes, en fonction des solutions que l'on te propose, mais surtout de faire avec ta propre énergie et ce que tu ressens de bon pour toi.

L'ENCHAÎNÉE

Tu sais, peu importe où en sont les âmes qui t'accompagnent, qu'elles soient incarnées ou non, peu importe où elles en sont dans leur évolution.

Elles ne seront en fin de compte que des petites étoiles qui te guident sur ton chemin, mais c'est toi la clé de tout ton déconditionnement, de ton abondance, de ta connaissance...

Tu es à ta juste place, dans ton juste milieu, dans ton propre ajustement, et il est important qu'actuellement tu puisses faire face à tes obligations, à tes propres raisonnements et à tout ce qui t'a amené actuellement à ce blocage.

Tu penses ne pas mériter la libération, ne pas mériter l'abondance quelle qu'elle soit, ne pas mériter la vie telle que tu la désires, car on t'a toujours fait ressentir ou comprendre que tu n'étais pas à ta juste place et que tu n'avais pas le droit au bonheur tout simplement.

Aujourd'hui, tu te défais petit à petit de ce conditionnement et tu peux être fier de toi.

LE PRINTEMPS

14

Le printemps

OPPORTUNITÉ

•

CHANGEMENT

•

ABONDANCE

Nourris-toi d'amour, n'aie plus peur des mouvements de ton corps, ni de qui tu es à travers lui.

Actuellement dans ta vie, l'abondance se met en route et l'univers te porte à travers le portail terrestre plein de synchronicités pour te montrer qu'il est temps pour toi d'accepter de recevoir d'une manière différente les choses.

On te dit également qu'il est peut-être temps que tu arrives à te féliciter, oui, je sais, c'est assez compliqué pour toi, mais fais-toi un petit cadeau, un petit présent, gratifie-toi, avec des petits gestes que tu réalises au quotidien, car tu es une personne unique, une personne valeureuse, et tu mérites clairement ce renouveau dans ta vie.

Que cela soit par le biais d'opportunités professionnelles, de nouvelles rencontres, ou tout simplement un renouveau.

On te dit souvent qu'un vent nouveau souffle dans ce cycle de vie et qu'il est temps pour toi de préparer un nouvel avenir. Le printemps, en règle générale, t'invite donc à la remise en question positive, c'est-à-dire que tu te remets en question, mais que tu actionnes et recueilles également de l'abondance afin d'évoluer et d'avancer.

Cette période va te mettre également face à un fait qui est le suivant : si tu souhaites recevoir de l'abondance terrestre, il est temps pour toi de planter les graines de ce que tu récolteras par la suite dans ta vie.

Car, oui, avant d'arriver à un résultat qui te comble de bonheur, il faut clairement en suer.

Alors, es-tu prêt à recevoir ce renouveau dans ta vie et à faire les efforts nécessaires pour le recevoir âme ouverte ?

L'ÉTÉ

15

L'ÉTÉ

OUVERTURE

•

APPRÉHENSIONS

•

LIBÉRATION

La vie ne demande
que ta présence pour s'embellir.

Cette renaissance que tu es en train de vivre sur le plan émotionnel, mais également corporel, te fait sortir de ta coquille.

Tu es donc dans une période qui te met le cul entre deux chaises. Comme on dit, tu sens que tu es prêt à avancer, à aller plus loin dans ta vie, à prendre des décisions pour toi, à mettre un pied en dehors de ta zone de confort, mais en même temps, tu as tellement envie de rester dans ta petite coquille intérieure, dans ta zone de confort, dans ton cocon que tu t'étais si bien aménagé.

Tu sais, c'est toi qui cherches à sortir de ta zone de confort, car tu comprends que tu es à l'étroit dans ton cocon, et tu ressens qu'actuellement tu as besoin de découvrir de nouveaux horizons, de parcourir un nouveau monde intérieur, et pour cela tu as, petit à petit, depuis le début de l'année, ouvert la coquille de ton corps, de ton âme et de ton être tout entier.

Nulle peur, donc, quant à l'ouverture que tu as créée, car je sais que c'est avec une impudeur extrême que tu te lances dans l'aventure de ta nouvelle vie, fais-le à ton rythme, fais-le de la manière qui te semble juste pour toi, mais fais-toi confiance, car si tu as réussi à déverrouiller petit à petit tout ce qui te faisait peur, c'est que tu as la capacité d'avancer et d'évoluer.

Ce renouveau dans la vie, tu le mérites amplement, et puis maintenant tu sais quand te protéger et quand être réceptif, alors tu as finalement toutes les clés pour te permettre d'évoluer à ton rythme.

C'est toi maintenant qui as le contrôle sur ce que tu souhaites voir entrer ou non dans ta vie. Prends soin de toi, car tu mérites que quelqu'un d'autre prenne soin de toi, tu vas pouvoir petit à petit, après cet été, laisser place à quelqu'un d'autre dans ta vie afin de te délester de choses qui te pèsent.

L'AUTOMNE

16

L'AUTOMNE

RÉCOLTE

•

RITUEL

•

ATTRACTION

Telle une sorcière, je crée en moi le pouvoir de l'attraction.

La saison de la magie est clairement ouverte. Si tu as envie de faire des rituels, de te connecter à ta magie intérieure, ou tout simplement de réaliser des nouveaux projets et de les mettre en terre afin qu'ils germent pour l'année prochaine, c'est clairement le moment.

On te dit que cet automne va te permettre de trouver un équilibre entre tes projets personnels et professionnels. Tu as beaucoup donné, et c'est vrai que tu as besoin actuellement de retrouver un équilibre pour lancer de nouveaux projets l'année prochaine.

La période automnale est clairement remplie d'énergie entre les mondes, c'est une période où il faut se positionner entre ce que l'on a déjà réalisé et ce que l'on souhaite voir se concrétiser.

C'est donc un passage obligatoire dans ta vie pour te retrouver identitairement parlant.

On te dit que tu as fait preuve de beaucoup de courage depuis le début de l'année et que maintenant tu te retrouves dans une dualité où tu as l'impression que les projets que tu veux mener à bien ou les relations que tu as eues avec les autres n'étaient pas réellement totalement alignés avec toi-même, et que tu as voulu davantage faire plaisir aux autres, au lieu d'être aligné avec ce qui vibre en toi.

C'est donc pour cela que cette période est obligatoire pour toi : c'est une remise en question afin que tu puisses te connecter à l'essence de ce pour quoi tu partages avec les autres.

Je t'invite dans cette période d'introspection à te faire un petit tirage assez simple qui va te permettre du coup de mieux comprendre tes énergies et ce vers quoi on t'emmène.

Pour ce faire, il suffit de tirer trois cartes ou trois tas de cartes, celui de gauche va te permettre de savoir où tu en étais avant, celui du milieu où tu en es actuellement et celui de droite va te permettre d'avoir un éclairage sur ce que l'on attend de toi dans l'avenir.

L'HIVER

17

L'HIVER

BLOCAGE

•

ATTENTE

•

INTROSPECTION

L'action ou l'inaction ?

Dans cette période de ta vie, tu es dans l'attente, dans l'attente que les choses passent, dans l'attente de nouvelles, dans l'attente que quelque chose de nouveau se passe.

On te dit que cette période de blocages énergétiques, de latence, est en fin de compte aussi une manière de t'amener en douceur vers un renouveau de ta vie.

Tu as vécu beaucoup de batailles intérieures, et même si tu n'aimes pas les périodes de repos, car tu as l'impression d'être inutile, sache que, dans ce cas-là, ce n'est pas toi qui choisis mais l'univers qui te l'impose.

Et comme l'hiver ne dure qu'une saison, sache que cette période-là ne va durer qu'un temps également.

Oui, je te l'accorde, c'est très frustrant quand les choses ne se passent pas comme nous le désirons, mais c'est également grâce à cette période de pause que tu vas être dans l'obligation de reprendre soin de toi, de te reconnecter à ton foyer et ta chaleur intérieure, et surtout de faire une introspection plus établie sur le long terme avec toi-même.

Attention, certes, on t'invite à mettre le holà et on t'impose des blocages dans ta vie sur certaines situations.

Mais cela ne veut pas dire que tu ne dois pas bouger ton popotin dans d'autres situations. En effet, comme tu ne peux pas énergétiquement te disperser, tu es dans l'obligation d'aller faire des choses qui sont obligatoires et qui sont celles par quoi tu dois passer si tu veux que les choses se débloquent.

18

Cup of tea

PAUSE
•
DÉTENTE
•
LÉGÈRETÉ

Prends donc une tasse de thé avant de te noyer.

Il est temps pour toi de prendre un moment de pause, de répit. Tu as la tête complètement farcie de choses diverses et variées, mais il est grand temps de te laisser respirer.

Cette carte t'invite donc à prendre un instant pour toi, que ça soit pour prendre soin de ton corps, mais également de ta santé mentale afin de reprendre pied.

Tu as des choix à faire, certes, mais ce n'est pas le moment encore de les faire, ce n'est pas encore le moment d'actionner les changements, même si tu as la sensation d'être légèrement en retard ou décalé par rapport à ce que tu souhaiterais faire ou ce que les gens attendent de toi.

On te dit ici que tu dois d'abord prendre soin de toi avant les changements qui s'amorcent, sinon tu vas retomber dans les méandres de ton passé ou dans des schémas qui t'ont déjà détruit avant.

Il est donc important que tu te reposes, avant de repartir du bon pied, laisse-toi du temps, et tu verras que, sans même t'en apercevoir, tu seras déjà parti pour un nouveau voyage, où tu trouveras un équilibre entre qui tu es et ce que tu souhaites être, entre ton féminin et ton masculin, entre ton ombre et ta lumière où tu seras maître de ta destinée.

LA PROTÉGÉE

19

La protégée

PROTECTION

•

CONFIANCE

•

SÉCURITÉ

La pluie d'un nouveau présent
s'abat sur ton âme.

Tu es clairement sur le bon chemin, sur la bonne idée, cependant, ta tête est encore embuée par des énergies un peu bancales.

On te dit que, dans tous les cas, une pluie d'abondance s'abattra sur le chemin que tu es en train d'emprunter, car c'est avec amour que tu es en train de créer une nouvelle réalité dans ta vie ; donc n'appréhende pas ce qui adviendra demain, car tu es déjà dans l'abondance.

Tu es dans un nouveau cycle de vie qui t'amène absolument dans l'abondance de l'amour ; tu as tellement souffert, tellement transcendé les blessures en des énergies très fortes que tu ne peux qu'être dans l'abondance de l'amour.

On te dit que tu es prêt à te mettre face au vent, aux tempêtes, au soleil, bref, tu es capable d'affronter n'importe quel élément qui viendrait perturber ton chemin.

Tu as pris en plus tout ce qui passe autour de toi, car tu es aligné, et c'est finalement l'une des plus belles réussites que l'on peut faire sur terre.

Ne cherche plus autour de toi, ni à travers toi, une approbation quelconque, car c'est écrit noir sur blanc ici !

Tu es sur le bon chemin.

Tu peux être fier de toi, tu reviens de très loin, tu as dû faire énormément de concessions, tu as dû abattre des montagnes, tu as dû te laisser mourir tant de fois pour enfin renaître dans une réalité qui est bonne pour toi.

Je ne dis pas que le chemin dans lequel tu es est simple, car la vie en elle-même ne l'est pas ; cependant, la visualisation que tu as décidé d'avoir à travers la vie, je te la rends plus simple.

Tu ne dois ce pouvoir de création qu'à toi-même, tu ne dois rien à personne.

LA RESSUSCITÉE

20

La ressuscitée

PHÉNIX

•

RÉALISATION

•

FEU

Mourir ? Même pas peur !

Quoi de mieux que de mourir et de s'en battre clairement les ovaires ou autres parties génitales ?

Non mais, clairement, tu as vu par quoi tu es passé ces trois dernières années, c'est normal que cette résurrection, pour toi, ne soit que le fruit de ton feu intérieur, car tel est le cas.

Quand tu subis un deuil, une mort interne, cela ne va pas affecter la même énergie liée à ta renaissance que quand tu décides que c'est toi et pour ton propre bien que tu mets fin à un cycle et que tu acceptes de mourir intérieurement.

Cette force que tu as actuellement, tu l'as acquise tout au long de ta vie ; ne doute plus jamais de toi, car quels que soient les brasiers qui s'enflammeront devant toi, tu sauras toujours accepter avec résilience ce qui se passe dans ta vie, et cela s'appelle la sagesse.

LA RESSUSCITÉE

Tu es la preuve vivante que l'on récolte ce que l'on sème, et que du moment où l'on a décidé de semer les graines de notre propre chaos intérieur en conscience pour en faire germer une nouvelle vie, alors nous sommes capables de tout.

Il faut un courage insoupçonné et beaucoup de folie pour se déconstruire et se reconstruire autant de fois que tu as su le faire dans cette incarnation de vie, alors remercie-toi et remercie ton âme pour ce cadeau qu'elle te fait.

Tu mérites toutes tes réussites, car tu as choisi tes propres combats, tu mérites ta renaissance.

LA VIPÈRE

21

La vipère

COMMUNICATION
•
DANGER
•
SOURNOISERIE

L'habit ne fait pas la vipère.

À force de vouloir jouer sur plusieurs tableaux, tu as complètement zappé l'essentiel : est-ce que c'est toi qui choisis réellement tout ce que tu souhaites faire dans ta vie ou ce sont les autres qui choisissent ta vie pour toi ?

La vipère vient dans ta vie pour te dire de faire attention aux personnes qui t'entourent, mais également aux choix que tu dois réaliser.

Tu es dans une dynamique où les choses sont en mouvement, où tu sais que tu dois actionner des changements dans ta vie, mais ne te fourvoie pas à cause de belles paroles et fais en sorte que les choses changent réellement.

On te dit également, à travers la carte de la vipère, de ne pas avoir peur de répliquer si tu te sens attaqué, car, oui, il vaut mieux répliquer et se protéger que de subir encore une fois les attaques des autres.

LA VIPÈRE

Cette carte te conseille également de faire attention encore une fois aux autres, car ceux-ci peuvent chanter tes louanges quand tu es en leur compagnie, mais peuvent être de sacrées langues de vipère quand tu as le dos tourné. Fais donc attention à tes arrières et ne te laisse pas manipuler par des faux-semblants.

Tu as plus d'un tour dans ton sac, alors ne te laisse pas abuser par de simples promesses, je pense que tu as assez donné de ta personne.

Il est temps du coup de remettre clairement les choses dans le bon ordre et de ne plus te laisser embobiner.

LA VOYAGEUSE

22

La voyageuse

NOUVEAU DÉPART

•

VOYAGE

•

ÉVEIL

Le départ se met en place.

Un nouveau départ s'annonce pour toi, qu'il soit terrestre ou spirituel. Mais ce qui est sûr, c'est que ce nouveau départ t'amène des possibilités infinies de renouveau dans ta vie.

À travers cette nouvelle étape que tu es en train de réaliser, tu vas devoir dire au revoir petit à petit à beaucoup de personnes qui ont fait partie de ton voyage, dire au revoir à des rêves, à des amours, à des âmes, à des bouts de ta vie qui n'aboutiront jamais. Cependant, tu sais que cette nouvelle aventure va te permettre de renouer avec ce que tu as toujours voulu à l'intérieur de toi... avec ta liberté.

Tu es en train de prendre conscience également que c'est, certes, avec le cœur en peine mais l'âme bien ouverte que les portes d'un avenir meilleur s'ouvrent à toi. N'aie plus peur d'avancer sur de nouveaux chemins, car tu le fais en âme et conscience, et surtout tu le fais pour ne pas reproduire, encore une fois, les mêmes schémas.

LA VOYAGEUSE

La carte de la voyageuse t'accompagne dans ce mouvement de vie pour te dire que, en effet, il est grand temps pour toi de partir et de laisser cette dualité intérieure dans tes bagages afin de te reconnecter autrement à qui tu es, mais également au monde qui t'entoure.

Ce chemin, qu'il soit initiatique ou terrestre, va t'apporter dans tous les cas cette liberté de penser et d'être dans ta vie. Ce qui va te permettre d'être dans la tempérance et d'apprendre à mieux gérer tes émotions.

Tu pars, non pas à la rencontre de nouveaux paysages, mais à la rencontre de ta lumière intérieure.

LA SOURDE OREILLE

23

La sourde oreille

ÉCOUTE

•

REMISE EN QUESTION

•

CORPS

L'écoute de mon mal-être se vit dans mon corps.

Il est bien beau de n'en faire qu'à sa tête et d'avoir un caractère bien trempé, mais on t'invite quand même à écouter ces mots que j'ai déposés sur ce papier.

Tu n'as pas voulu entendre les signaux de détresse qui te montraient que tu n'étais pas du tout dans l'écoute de tes émotions, ni même dans l'écoute générale de ton être ; tu ne pensais que par ton mental, et tu ne réfléchissais qu'à travers lui, ce qui te place actuellement dans une phase de retranchement assez complexe, vu que tu as été dans le déni de tout ce que tu pouvais ressentir et comprendre à travers ton corps.

Maintenant que tu as enlevé les doigts de tes oreilles et que tu arrêtes d'être un minimum têtu, je vais te dire quelque chose qui, je l'espère, va te mettre un petit coup de pied aux fesses.

Arrête de te plaindre constamment, arrête de te victimiser, arrête de penser que tu n'es pas la personne qui joue le rôle principal dans ta vie.

Tout ce que tu vis là, actuellement, c'est tout ton processus de vie mais également tes propres choix dans lesquels résident toutes les énergies qui gravitent autour de toi.

Alors je sais que c'est dur de l'entendre et que, même si tu es dans une situation très compliquée, tu as le choix de te sortir de là, tu as les outils en main pour te sortir de là, tu sais que tu en es capable, mais tu ne veux rien entendre.

Pourquoi ne veux-tu rien entendre ?

Parce que cela enlèverait la position de victime dans laquelle tu as toujours été, et cela, depuis ton enfance. Mais, ma chère âme, tu n'es plus cet enfant apeuré, tu as grandi, tu as cheminé et tu peux me regarder avec la tête fière, car tu as survécu.

Oui, tu peux l'entendre... Tu as survécu.

Maintenant tu n'es plus dans une énergie de survie.

Tu es dans une énergie qui va vers la vie et, pour cela, il faut accepter d'être en pleine conscience de sa mort intérieure.

LA PIPELETTE

24

La pipelette

COMMUNICATION
•
SECRET
•
ATTENTE

J'écoute les paroles de mon âme.

Chez moi, les personnes comme toi, on les appelle des « mille goules ».

Oui, nous les Charentais, nous avons un patois un peu bizarre.

Bref, tout ça pour te dire qu'il serait peut-être temps d'arrêter de parler sans cesse et d'écouter ton âme et ce qu'elle a réellement à te dire. T'es-tu posé dernièrement pour analyser tout ce qui se passe autour de toi ? Je ne pense pas.

Je ne te dis pas de faire une introspection avec les autres autour de toi, je te parle d'une vraie introspection, où tu es seul en face de ton âme.

Si dernièrement tu as eu une extinction de voix, un petit peu mal à la gorge ou alors une sensation d'épuisement et de fatigue, alors c'est tout simplement qu'il va falloir arrêter de parler pour rien et te concentrer sur ce que ton âme veut te faire passer comme message.

On te dit également qu'il faut t'attendre à ce que certaines personnes viennent révéler et mettre en lumière certaines choses chez toi, car si tu n'acceptes pas ton introspection et ta remise en question sur ce que tu dois faire, ce sont les autres qui viendront le faire à ta place ; donc, attention à la communication, cela a un effet miroir très important.

La pipelette vient aussi te dire qu'il ne faut pas que tu racontes toute ta vie, ou tous tes projets, et que certaines choses doivent rester cachées.

La peureuse

25

La peureuse

APPRÉHENSION

•

ANXIÉTÉ

•

VISION

Je n'ai plus peur des changements que je crée dans ma vie.

Tu as peur de voir et de percevoir les choses telles qu'elles sont, que ça soit lié à ton passé, à ton présent ou même à ton avenir, la crainte de voir les conséquences de tes actes te font peur.

Pourquoi en as-tu peur ?

Parce que tu n'as pas totalement confiance en tout ce que tu réalises, ce qui te met dans une situation où tu as l'impression de ne pas être maître de tout cela et, inconsciemment, comme tu ne contrôles pas l'effet papillon, tu as l'impression que tout ce que tu fais est mal.

Mais si je peux te rassurer sur un point, personne ici-bas ne peut contrôler l'effet papillon, les seules choses que tu peux contrôler, ce sont l'énergie et la confiance avec lesquelles tu crées et réalises tes projets.

Avoir peur de tout ce qui t'entoure, c'est en fin de compte avoir peur de toi-même.

Comme tu n'arrives pas à contrôler tes émotions, ton corps, ton esprit, tu as la sensation que tout autour de toi n'est qu'un vide intergalactique dans lequel ton âme et tes pensées peuvent être aspirées.

On ne te demande pas ici de contrôler quoi que ce soit, mais juste d'accepter les situations telles qu'elles sont, tu ne peux rien contrôler.

Tu ne peux pas contrôler tes émotions.

Tu ne peux pas contrôler ton corps.

Tu ne peux pas contrôler l'image que tu as de toi.

Tu ne peux pas contrôler ce que les autres peuvent penser de toi.

Tu ne peux pas contrôler l'univers autour de toi.

La seule chose que tu peux réellement contrôler, c'est l'effet que tu décides d'avoir dans ta vie, l'effet que tu décides d'accepter des autres ou de toi dans ta propre essence.

Tu peux contrôler raisonnablement ce qui vient à toi, l'amour, la peur, tes émotions...

Cela se fait petit à petit, mais en tout cas, cette carte t'invite à ne plus avoir peur de quoi que ce soit, car tu ne contrôles rien hormis ce que tu décides de contrôler.

L'HERBORISTE

26

L'HERBORISTE

MAGIE

•

CONNEXION

•

PLANTES

Je prends soin de moi avec les connaissances de mon âme.

Est-ce une touche de malice qui est entrée dans ta vie ?

En effet, on te dit qu'actuellement tu as besoin d'être accompagné sur le plan terrestre au niveau émotionnel, spirituel, car il ne faut pas que tu oublies que tu es une âme incarnée dans un corps, donc obligatoirement ton corps a des besoins.

Il faut que tu apprennes à répondre à tes besoins, mais surtout à prendre soin de toi, quand on te dit que tu as besoin de nettoyage ou de purification, cela ne veut pas dire que tu dois aller consulter un spécialiste en soins énergétiques, non loin de là.

Cela veut dire que tu dois accueillir ce qui se passe à l'intérieur de ton corps et trouver tes propres solutions, grâce à tes propres énergies, pour prendre soin de tes énergies, aussi spirituelles que corporelles.

Les plantes ont toujours fait partie de nos vies, et ce depuis la nuit des temps, et tu as besoin de travailler avec elles, que cela soit sous forme de tisanes, de fumigations, de soins corporels, d'un bain magique... Peu importe la méthode que tu utiliseras pour te connecter à leurs bienfaits, il est essentiel que tu le fasses en âme et conscience.

Alors, si tu as envie d'accompagner les gens dans un mieux-être émotionnel et corporel, il faut que, toi aussi, tu puisses avoir les outils en main, mais tu n'es pas obligé de suivre une formation ou autre pour le faire. Il est d'abord important que tu te connectes en premier lieu à ton savoir, à tes vies antérieures qui t'ont transmis beaucoup de connaissances, reconnecte-toi à celles-ci.

Ton âme a une connaissance infinie qui ruisselle en elle, connecte-toi à cette source pour prendre soin de toi.

Le bateleur

27

Le bateleur

CHOIX

•

ALIGNEMENT

•

RESPECT

Prendre du recul pour être aligné sur son chemin.

Actuellement, si tu souhaites être en accord avec ce que tu désires et ce qui est réalisable de faire, il va falloir que tu fasses des choix.

Tu as toutes les clés entre tes mains, le champ des possibles est infini. N'oublie pas de choisir ta route en fonction de ton cœur, et de ce que tu sais être bon pour toi. Une situation qui est bonne pour soi ne veut pas forcément dire bonne pour les autres, c'est pour cela qu'il est important que tu t'écoutes.

On te demande de te concentrer, car ce n'est pas le moment de te disperser dans des choix futiles, actuellement tu es en train de faire des choix qui vont t'accompagner durant tout un cycle de vie, alors oui, c'est de la pression mais en même temps, il faut que tu sois au courant.

Cette éclosion, cette renaissance, que tu es en train de réaliser, va se faire en âme et conscience, c'est donc pour cela qu'il faut que tu comprennes que, à travers cette carte que l'on met devant toi, le soleil que tu vois au-dessus de cette table va être le rayonnement de ce que tu vas choisir ou de ce que tu as déjà choisi.

Dans tous les cas, la voie est le chemin que tu as choisi, consciemment ou non, pour t'amener vers un accomplissement de ton être.

LA PAPESSE

28

La papesse

INTUITION
•
DISCERNEMENT
•
CONNAISSANCE

Les battements de ton cœur
sont liés à ton âme.

Tu es invité à faire une pause pour prendre conscience de la connexion entre ton âme et le monde.

Si tu sondes ton âme, tu verras que tu as toutes les clés pour évoluer autant spirituellement que personnellement.

Ta vérité t'est propre, la façon dont tu vois est propre à toi également et on te dit qu'il est important que cela résonne en toi, car cela te permet de te donner de l'amour et d'en recevoir.

Cependant, quand ta vision du monde est faussée, alors il est important de prendre ce recul afin d'apporter avec sagesse et discernement un nouveau regard sur la situation.

À travers cette carte, la papesse t'invite à prendre conscience que tout réside dans ton cœur, tout ce que tu ressens actuellement te permet de voir les choses autrement.

L'IMPÉRATRICE

29

L'IMPÉRATRICE

RÉFLEXION

•

CRÉATIVITÉ

•

PROTECTION

La sagesse de l'univers t'accompagne.

Tu es au bon endroit, à ta juste place et au bon moment.

L'impératrice t'aide à prendre conscience de l'amour qui règne autour de toi mais également à reconnaître ta propre valeur.

On te dit que tu peux avancer en toute sécurité sur ton chemin, car si des personnes osent venir t'affronter, et cela, peu importe le domaine, tu sais actuellement que tu es capable de les remettre à leur place.

Tu ne veux plus qu'on te marche dessus, c'est donc pour cela que l'impératrice vient se mettre en lumière à travers cette carte.

Si tu ne veux plus qu'on te marche dessus et qu'on te respecte, alors c'est à toi de faire régner l'ordre comme tu le désires ; ne te sens pas coupable de reprendre le pouvoir de ton monde intérieur, car tu n'as plus à subir les comportements des autres.

L'EMPEREUR

30

L'EMPEREUR

PUISSANCE

•

AUTORITÉ

•

STABILITÉ

Je suis la puissance incarnée de ma création.

Tu es en train de passer en revue les enseignements de la vie que tu as reçus dernièrement de manière différente, tu te rends compte que tu tires actuellement ton épingle du jeu et que tu as envie d'avancer sur un nouveau chemin.

Pourtant, quelque chose actuellement t'empêche d'avancer, tu as cette impression que tu dois aller encore au combat, mais sache que c'est toi qui détiens la sagesse et le pouvoir. Donc, si tu décides de ne pas aller au combat et de choisir ton propre combat intérieur, alors dans ce cas-là, tu n'as aucune crainte à te faire.

C'est toi qui maîtrises la situation actuellement.

L'empereur vient actuellement te dire ici que même si tu as besoin d'être rassuré et de savoir où tu vas, il est important que tu te fasses confiance, car tu es ton propre guide ici-bas.

On te dit que tu rentres dans un cycle, on va t'inviter à approfondir tes questionnements et à te centrer sur toi, afin de trouver les réponses nécessaires à ton introspection.

Le pape

31

Le pape

SAGESSE

•

POUVOIR SPIRITUEL

•

GUIDE

Je suis l'enseignant de mon univers.

Tu es guidé, accompagné, ton âme a beaucoup voyagé, que ce soit dans cette incarnation, à travers différents obstacles que tu as rencontrés, ou dans tes vies antérieures, et c'est en te connectant à elles et à l'énergie du pape que tu es en train de comprendre que tu te diriges vers une voie beaucoup plus sage.

On te dit de peser le pour et le contre vis-à-vis de certaines situations et d'être d'une certaine manière ton propre juge. Penses-tu que la situation que tu vis actuellement doit avoir autant d'effet et, si oui, de quelle manière décides-tu qu'elle t'affecte ?

En fin de compte ici, on t'invite à revenir à la source de ton propre épanouissement et, surtout, à accepter le fait que tu es responsable également de ton évolution.

LE PAPE

La sagesse du pape est là pour te dire de ne pas faire à ton enfant intérieur ce que tu n'aurais pas voulu que l'on te fasse.

Apprends à lire en toi, à t'accompagner et, par la suite, tu pourras faire de même avec les êtres qui t'entourent.

L'AMOUREUX

32

L'AMOUREUX

DÉSIR

•

AFFECTION

•

ENGAGEMENT

Le fruit de l'amour
que je me porte ouvre les portes
à l'abondance de l'amour.

L'amour inondera tout le monde, à condition d'ouvrir ton cœur.

Le véritable amour a mille et une facettes, ce qui est important, c'est ce que tu ressens à l'intérieur de toi.

Aime sans conditions, aime avec justesse, aime avec plaisir.

Tout le monde doit connaître le véritable amour afin de grandir et de s'épanouir d'une autre manière, mais ce n'est pas le bon moment pour tout le monde également.

Avant d'aimer qui que ce soit, il faut d'abord que tu t'aimes dans ta propre identité, celle que tu choisis d'être, celle que tu choisis d'incarner.

Car, du moment où tu auras choisi d'être pleinement toi, tu n'auras plus de limites dans l'amour que tu donneras à l'autre, et tu ne seras plus dans une attente particulière vis-à-vis de l'autre, hormis qu'il t'aime comme tu es et *vice versa*.

On te dit que si cette carte vient à toi, c'est que dans le passage que tu es en train de vivre actuellement, cette question d'amour est légitime. Tu n'as jamais reçu de l'amour de la bonne manière, et actuellement tu es en apprentissage.

L'amour est partout où nos yeux et notre âme auront décidé de le trouver.

LE CHARIOT

33

Le chariot

LIBÉRATION

•

ÉQUILIBRE

•

FIERTÉ

Je pars à l'aventure
vers mes propres choix.

Tu pars à l'aventure vers un nouveau monde et aucun obstacle n'est insurmontable pour toi. On te demande cependant de faire les choses en conscience, d'avancer pas à pas sur ce nouveau chemin, car, même si c'est toi qui tiens les rênes, tu es quand même sous l'emprise de tes émotions, il est donc important de trouver un équilibre entre émotions et actions.

On te dit également de ne pas appréhender le chemin que tu es en train de faire, mais plutôt de te focaliser sur ce que tu ressens durant ce cheminement.

Ce voyage que tu réalises auprès du chariot nous montre que tu es en recherche d'équilibre et de justice, et que ton âme va vers un accomplissement certain de la libération de ses blessures.

La lune, quant à elle, représente les énergies douces et imprégnantes de l'univers qui t'entourent et t'encouragent dans cette direction, comme une lumière à travers cette immensité pour te dire que tu es accompagné.

Ici, tu n'as pas d'autres choix que de suivre ton cœur et la direction dans laquelle il est nécessaire que tu ailles pour ton bien-être émotionnel.

LA JUSTICE

34

La justice

LIBÉRATION

•

ACTION

•

FOUGUE

Je suis la justice
de mon équilibre.

Le champ de bataille de ton passé hante encore ton présent, on te demande, malgré la zone de confort que tu as érigée tout autour de toi, de te libérer des fardeaux de ton passé, car cela t'empêche de t'écouter et ainsi de partir à l'aventure de ta propre justice.

Tu es éreinté par tant de douleurs aussi physiques que psychologiques, mais aujourd'hui sache que ce trône sur lequel tu règnes, tu l'as amplement mérité sans aucun souci ; cependant, est-ce vraiment ça, ta propre justice ?

Est-ce que c'est de sortir d'une prison pour retourner dans une autre prison ?

Car oui, aujourd'hui, la carte de la justice vient mettre cela en lumière… Il est temps pour toi de changer la perception que tu as de ta propre justice et de te rendre enfin ta liberté.

Tu peux sortir de ta zone de confort, car tu es protégé, et tu vas pouvoir avancer tranquillement avec douceur et amour.

L'ERMITE

35

L'ERMITE

INTROSPECTION

•

SOLITUDE

•

CHEMINEMENT

*Je laisse place
à ma lumière intérieure.*

Accueille ce moment de répit, de mise en lumière, afin de vider ton esprit, d'éliminer tes doutes et tes angoisses concernant ton futur.

La carte de l'ermite t'accompagne pour te reconstruire. Dans l'instant présent, tu n'as donc plus de visibilité réelle sur ton passé, ni même sur ton avenir, car on t'invite à faire pleinement face à ce qui se passe actuellement dans ta vie.

Cette période vient mettre en lumière des trahisons, mais surtout la trahison que tu t'es faite à toi-même, car tu ne t'es pas écouté avant. Et cela te met dans une situation où tu ne te sens pas en phase avec toi-même.

Ce passage est donc obligatoire afin que tu puisses voir les émotions que tu as refoulées et ainsi cheminer petit à petit vers une renaissance et un pacte d'amour entre toi et ton âme.

L'ERMITE

Mets en lumière tes parts d'ombre afin d'allumer des étoiles incandescentes pour que brille en ton âme toute la lumière dont tu as besoin pour ton avenir.

LA ROUE DE LA FORTUNE

36

La roue de la fortune

NOUVEAU CYCLE

•

MOUVEMENT

•

SYNCHRONICITÉ

Je suis maître
de ma propre transition.

Tu es actuellement dans une période de transition plus ou moins intense en fonction des rythmes quotidiens.

On te dit que plus tu accepteras la situation telle qu'elle est, car tu ne peux pas tout contrôler, plus les choses avanceront de manière fluide.

Ce nouveau cycle dont ton âme a besoin peut se faire ressentir par le biais de ton corps et il t'amènera à débloquer d'anciens schémas. Il se peut du coup que cette période de transition se fasse ressentir également par des maux physiques, car cela signifie que ton âme évacue le surplus.

On te dit que cette contrainte que tu vis actuellement va te permettre en fin de compte d'être davantage connecté avec ton âme, donc d'être plus aligné sur ton chemin d'éveil et cela va te permettre petit à petit d'ouvrir les yeux sur ce pour quoi tu es venu t'incarner sur terre.

Tu es libre d'être la personne que tu désires, tu es libre de tourner la roue de la vie de la manière dont tu as envie, à la vitesse que tu souhaites, mais il y a une chose par rapport à laquelle tu n'es pas libre, ce sont les aléas et les expériences que l'univers te donne pour que tu puisses mieux te connaître.

LA FORCE

37

La force

MAÎTRISE DE L'INSTINCT

•

COURAGE

•

PUISSANCE

Je suis l'unité
de ma puissance intérieure.

Il n'y a plus de doute possible sur tes capacités et la puissance que tu incarnes, mais fais attention cependant aux débordements de fierté et d'agressivité.

Tu as encore un travail à faire sur ta part de masculinité qui a tendance à ressortir à des moments où ton féminin se sent en danger.

Il n'y a pas de mal à avoir des émotions, à ne pas contrôler certaines choses, mais là où tu te fais du mal, c'est en agissant de la manière qui a toujours été la tienne pour te protéger, en colère.

On te dit que, oui, tu fais partie d'une meute, celle des personnes courageuses, capables d'affronter n'importe quelle tempête sur terre.

Mais, en même temps, la carte de la force te met en alerte, car même la personne la plus courageuse a besoin de repos et a besoin d'être connectée à son féminin, à ses propres blessures, à ses propres émotions. La force, c'est de trouver un équilibre entre le féminin et le masculin.

La force, c'est de savoir quand il est bon de rendre les armes ou quand il est nécessaire de se battre.

La mort

38

La mort

TRANSFORMATION

•

RÉCOLTE

•

PURIFICATION

Je suis conscient
de mon deuil intérieur.

Sois serein quant au changement qui est en train d'arriver et face au cycle que ton âme est en train d'incarner, car on te dit que le changement qui arrive va t'apporter une meilleure récolte.

Quoi qu'il en soit, le deuil que tu vis intérieurement va te conduire à une renaissance intérieure et cela va te permettre ensuite de pouvoir te rouvrir à l'être que tu es dans ton entièreté.

Tu t'es abandonné aux autres, tu t'es abandonné à toi-même et tu as eu besoin de te sentir abandonné de toutes les manières possibles, mais aujourd'hui tu es en train de te reconnecter à ta propre naissance en comprenant que seulement toi peux décider de t'abandonner encore une fois ou non.

L'univers t'accompagne et t'accueille dans cette mort intérieure, car tu es prêt à vivre consciemment les choses.

LA MORT

La mort n'est qu'une étape dans notre vie pour nous permettre de prendre conscience de sa beauté.

La tempérance

39

La tempérance

ÉQUILIBRE

•

HARMONIE

•

CHOIX

Je suis en phase avec mon être.

Parfois, un détail permet de rétablir l'équilibre dans notre balance intérieure, mais également en règle générale.

On t'invite à prendre du recul sur les situations et à te recentrer sur les énergies qui t'entourent.

Transmute le négatif en positif et n'oublie pas que ta stabilité t'appartient, ce qui est bon pour toi n'est pas forcément bon pour la personne à côté, mais ce qui est important, c'est que, toi, tu te sentes bien avec ce que tu fais.

Ne culpabilise pas d'être heureux ou de t'ouvrir à ton cheminement intérieur, ton accomplissement d'âme.

Fais ce qui te correspond et ce qui résonne le mieux en toi.

Avec du temps, avec de l'amour, avec un minimum de contrôle, tu réussiras petit à petit à faire des choix de plus en plus forts pour toi et avec de plus en plus d'effets pour ton incarnation.

Le diable

40

Le diable

SEXUALITÉ

•

EXCÈS

•

TRAVERS

Entre ange et démon,
la frontière est mince.

La douceur d'un instant peut être enivrante, mais gare aux fausses promesses.

On t'invite actuellement à prendre garde de ne pas devenir ton propre diable intérieur.

Tout comme les ombres et la lumière ont besoin d'un équilibre, plaisir et sagesse en ont besoin également.

Faire un pacte avec soi-même ne veut pas dire que tu dois être ton propre bourreau, ni ton propre « bisounours », c'est vraiment un réel équilibre à trouver et la carte du diable t'invite à atteindre cette mesure-là.

N'importe quel choix dans l'excès n'est pas bon, on te demande du coup d'incarner les choses avec force, mais surtout avec douceur.

Trouve un équilibre dans ce que tu fais.

LA TOUR

41

La Tour

CRAINTES

•

CROYANCES LIMITANTES

•

EMPRISONNEMENT

Je suis mon propre bourreau.

Tu as déconstruit beaucoup de croyances limitantes dans ta vie mais, au fur et à mesure que tu te construis, tu construis ailleurs d'autres zones de confort.

Donc, en fait, tu es parti de ta zone de confort pour entrer dans une nouvelle zone de confort.

La carte de la tour te dit que le repli sur toi-même t'empêche d'affronter tes parts d'ombre et de surmonter tes blocages.

Toi seul es responsable de tes choix de vie, alors il faut que tu prennes une décision sur ce qui peut réellement te faire avancer.

Cette situation dans laquelle tu es n'est qu'éphémère, et tôt ou tard, tu te rendras compte que tu as été bercé par tes propres illusions mais également par celles des autres. Il est temps de sortir de cette tour et d'aller affronter la réalité.

L'ÉTOILE

42

L'ÉTOILE

CONFIANCE

•

VŒUX

•

LÂCHER-PRISE

Je me libère de mes propres conditionnements.

Abandonne-toi à l'univers, il saura t'apporter les réponses dont tu as besoin. Il faut également que tu prennes conscience que tu es protégé et que tu vas réussir.

Peu importe les objectifs que tu t'es fixés, peu importe où tu en es, ou le chemin qui te reste à parcourir, tu es capable de réussir et tu mérites de réussir.

Prends le temps nécessaire pour soigner les blessures qui sont en train d'effleurer ton âme, laisse ton être ne faire qu'un afin de t'épanouir petit à petit dans cette renaissance que tu as déjà commencée.

L'espoir d'un monde nouveau est déjà en chemin, alors n'aie pas peur et tends les bras vers cet avenir que tu as tant chéri.

La lune

43

La lune

INSTINCT
•
FÉMINITÉ
•
DOUCEUR

La loi de l'attraction vibre dans mon univers.

Blottis-toi dans les bras de la lune, elle saura te réconforter.

Tu es et tu seras toujours l'arbitre de ta vie.

Tu as des choix à faire, mais si tu lis les pour et les contre, tu verras qu'on te pousse vers une direction, celle de ton bonheur.

Ton passé te pousse à avancer et ton futur te fait peur, alors concentre-toi sur ton présent et sur ce que tu peux travailler aujourd'hui.

Cette carte te signifie que tu es en travail d'introspection, c'est un travail que tu as l'impression de ne pas vivre comme un fardeau, car il se fait tout en douceur.

On te dit que tu prends conscience que les contraintes et les schémas que tu crées ou que tu subis aujourd'hui sont en fin de compte juste de la poudre aux yeux, car tu es et resteras toujours maître de ton univers.

Alors, contemple la lune autant que nécessaire, mais n'oublie jamais de poser les pieds sur terre et de te construire, maintenant, dans l'instant présent.

Le soleil

44

Le soleil

RÉUSSITE

•

ABONDANCE

•

FERTILITÉ

Je mérite l'abondance dans ma vie.

Le moment est venu pour toi de briller dans tout ce que tu souhaites.

Laisse entrer le bonheur dans ta vie et viens le cueillir, car tu mérites tout ce que tu désires, dans la limite du raisonnable, bien entendu.

On te dit qu'il faut que tu écoutes ton soleil intérieur et fasses ce qui te fait plaisir, peu importe le temps qu'il fait à l'extérieur de ta vie. L'important, c'est que tu te concentres sur la météo de ton propre bonheur.

Si tu te trouvais dans des situations manquant de visibilité, sache que les choses vont bientôt s'éclaircir.

Au fait, petit aparté, tu sais, il ne sert à rien de mettre un grand sourire sur ton visage si à l'intérieur de ton âme il pleut des cordes.

Ne soigne pas ton apparence, mais soigne ton cœur.

LE MONDE

45

Le monde

DÉCOUVERTE

•

ACCOMPLISSEMENT

•

ESPOIRS

J'actionne les changements
que je souhaite voir
dans ce monde.

Le monde est devant toi, le monde est blotti au creux de ton monde à toi ; ce que tu décides de nourrir à l'intérieur de celui-ci n'est propre qu'à toi.

On te dit qu'il n'y a qu'un pas à faire pour évoluer dans ta vie, c'est donc le moment parfait, si tu as des projets que tu aimerais voir se concrétiser pour pouvoir te lancer.

Une période d'abondance te tend les bras, acceptes-tu ce changement ?

L'heure n'est plus à la tristesse, mais bien à la transition : ces énergies du passé ont des choses positives à te transmettre.

Le rayonnement de ton être fait clairement partie des énergies du monde, tu es le soleil qui éclaire ton monde intérieur.

LE FOU

46

Le fou

INSOUCIANCE

•

LIBERTÉ

•

CONFUSION

La vie est beaucoup plus douce avec une touche de folie.

Prends la vie avec le plus de légèreté possible et reconnecte-toi à ton enfant intérieur. Certaines personnes peuvent penser que tu es singulier.

Mais, en fin de compte, tu vis simplement l'instant sans te soucier du qu'en-dira-t-on.

Peu importe le genre que tu décides d'être, peu importe quelle émotion tu décides d'incarner, peu importe la direction que tu choisiras de prendre dans ta vie.

L'essentiel, c'est que cela se fasse avec de la légèreté.

Ne t'inquiète pas, en réalité, beaucoup de gens envient cette folie douce qui émane de toi.

Tu n'es pas fou, tu es juste toi.

REMERCIEMENT

Merci à l'univers et aux âmes qui font partie de mon chemin.

À PROPOS DE L'AUTEURE

Le talent médiumnique d'Annabel est amplifié par sa passion pour aider les autres à travers ses créations. Elle utilise des outils uniques pour guider les âmes en transition, car la vie est en constante évolution. Grâce à ces outils, elle met en lumière les moyens d'accomplir nos aspirations intérieures et nous aide à embrasser les changements avec confiance en se connectant à notre propre pouvoir intérieur.

@lunivers.dannabel

pca
cmb
édition pré-presse
livres numériques

44400 Rezé